Inhalt

Energieeffizienz - Ambitionen könnten höher sein

Kernthesen

Beitrag

Fallbeispiele

Zahlen und Fakten

Weiterführende Literatur

Impressum

Energieeffizienz - Ambitionen könnten höher sein

Anja Schneider

Kernthesen

- Der Markt für Energieeffizienz erwirtschaftete 2012 einen Gesamtumsatz von 146 Milliarden Euro und legte im Vergleich zum Vorjahr um 16 Prozent zu.
- Energieeffizienz ist wichtig. Auf dem Papier sind sich alle einig, das zeigen die jüngsten Koalitionsverträge auf Bundesebene und in Hessen.
- Bei der Umsetzung sind Politik, Industrie und Gewerbe, Kommunen und private Haushalte gefragt.
- In etlichen Studien wird die Energieeffizienz Deutschlands noch nicht allzu gut beurteilt.

- Es gibt viele gute Ansatzpunkte und konkrete Aktivitäten; unterm Strich bleibt Luft nach oben.

Beitrag

Energieeffizienz als zweite Säule der Energiewende

Die Energieeffizienz hinterfragt, wie viel Energieaufwand nötig ist, um ein festgelegtes Ziel zu erreichen und wie der Energieaufwand minimiert werden kann. Wenn die Energieeffizienz steigt, resultiert daraus in der Regel eine Energieeinsparung. Wer steigende Energiepreise bezahlen muss, spürt zumeist einen höheren Anreiz, weniger Energie zu verbrauchen, um seine Ziele zu erreichen.

Bei der Umsetzung gefragt sind Politik, Industrie und Gewerbe, Kommunen und private Haushalte. Im Koalitionsvertrag der Bundesregierung steht die Energieeffizienz weit oben auf der Agenda, sie wird als zweite Säule einer nachhaltigen Energiewende bezeichnet und es gibt sogar einen Nationalen Aktionsplan Energieeffizienz. Um das Thema herum ist mittlerweile eine Effizienzbranche entstanden, zu der Unternehmen gezählt werden, deren Geschäft in der Einsparung von Energie liegt. (1)

Doch wie weit ist Deutschland in Sachen CO_2-Einsparung und Energieeffizienz?

Deutscher Kohlendioxidausstoß steigt

Nicht so beispielhaft wie vom Vorreiterland der erneuerbaren Energien erwartet, lautet die Einschätzung einer aktuellen Studie, die die Entwicklung der CO_2-Emissionen untersucht hat. Im Jahr 2012 haben die weltweiten CO_2-Emissionen eine neue Rekordhöhe erreicht, in Europa seien sie zwar um 1,8 Prozent gesunken, für Deutschland sei jedoch ein Anstieg um rund zwei Prozent auf 20 Millionen Tonnen CO_2 zu verbuchen. Damit sei Deutschland, der Klimaschutzvorreiter, erstmals aus den Top Ten der führenden Klimaschutznationen herausgefallen. Ursache seien die deutsche Unentschiedenheit bei der Reform des Emissionshandels und seine Blockade der EU-Richtlinien für spritsparende Autos und Energieeffizienz. (2)

DENEFF fällt negatives Urteil zur bisherigen deutschen

Energieeffizienz-Politik

Seit Mai 2013 liegt ein erster Branchenreport zur Energieeffizienz vor. Erstellt hat ihn die Deutsche Unternehmensinitiative (deneff), die sich als Stimme der Energieeffizienz-Vorreiterunternehmen für konsistente, effektive und ambitionierte Energieeffizienz-Politik einsetzen will. Sie nahm 63 Unternehmen aus verschiedenen Bereichen wie Maschinenbau, Gebäudeenergieberatung, Baustoffe, Banken und Hausgeräten sowie bestehende Studien und Statistiken unter die Lupe, untersuchte die Marktstrukturen, Zahlen und Trends in der Energieeffizienzbranche und kam unter anderem zu folgenden Ergebnissen: Der Markt für Energieeffizienz erwirtschaftete 2012 einen Gesamtumsatz von 146 Milliarden Euro. Dies ist im Vergleich zum Vorjahr ein Plus um 16 Prozent. Die Beschäftigtenzahl nahm um zehn Prozent auf etwa 800 000 Mitarbeiter zu. (3)

Vorgaben der EU-Effizienzrichtlinie noch lange nicht erreicht

Aus der EU-Effizienzrichtlinie ergibt sich die Verpflichtung, 1,5 Prozent Energie pro Jahr einzusparen. Die Maßnahmen obliegen den Ländern.

Die Bundesregierung hat das nach Artikel 7 der EU-Energieeffizienzrichtlinie für Deutschland zu erreichende Einsparziel für den Zeitraum 2014 bis 2020 in Höhe von 2 046,5 PJ (Petajoule, entspricht ca. 70 Mio. t Steinkohleeinheiten) nach Brüssel gemeldet. Die deutsche Wärme- und Energieeffizienzbranche sind bisher enttäuscht. Zu wenig konkretes sei bisher geschehen, der Bundesrat konnte sich in seiner Sitzung am 19. Dezember nicht auf weiter gehende Forderungen zur Umsetzung der EU-Effizienzrichtlinie verständigen, ein Antrag Schleswig-Holsteins, der die kommunale Wärmeplanung forcieren wollte, fand keine Mehrheit im Bundesrat. Und so reichen die bisherigen Maßnahmen nicht einmal aus, um das gesetzte Ziel zu einem Viertel zu erreichen, klagt die DENEFF. Ihre Beurteilung der bisherigen politischen Maßnahmen zur deutschen Energieeffizienz-Politik fällt nicht gut aus. Die DENEFF beschreibt sie als eine Geschichte verpasster Chancen": Das Energieeffizienzgesetz sei bei der Umsetzung der Europäischen Energiedienstleistungsrichtlinie gescheitert, das Energiekonzept der Bundesregierung in puncto Energieeffizienz deutlich abgeschwächt, es herrsche Kahlschlag und fehlende Planungssicherheit bei erfolgreichen Förderprogrammen. (3), (4), (5)

Industrie investiert zu wenig in

Energieeffizienzmaßnahmen

Andere Untersuchungen fallen auch nicht allzu gut aus. Die Energieeffizienz der deutschen Industrie wurde vom Institut für Energieeffizienz in der Produktion (EEP) der Universität Stuttgart in Zusammenarbeit mit dem Bundesverband der Deutschen Industrie (BDI), der Deutschen Energie-Agentur (dena) und dem TÜV Rheinland untersucht und einen Index berechnet, der von nun an halbjährlich online veröffentlicht wird. Ein Bewusstsein sei zwar vorhanden, doch die deutsche Industrie investiere noch zu wenig in die Energieeffizienz, zu wenige Unternehmen hätten ein festes Budget dafür, lautete das erste Resümee. (1)

Mehr Energieeffizienz im Mittelstand

Wie sieht es im deutschen Mittelstand aus? Auch dort gibt es Luft nach oben in Sachen Energieeffizienz. Der Deutsche Industrie- und Handelskammertag (DIHK) führt daher zusammen mit der Bundesregierung eine Kampagne durch, die Mittelstandsinitiative Energiewende, die die mittelständischen Unternehmen zum Mitmachen animieren soll. Als organisatorische Ansatzpunkte gelten beispielsweise Mitarbeiterschulungen, Ausbildung zum Energiemanager, betriebliches Vorschlagswesen, Energiemanagementsysteme, geeignete externe Berater. Ein anderer Ansatz ist es, die Prozesse im Unternehmen so zu ändern, auszugestalten und zu flexibilisieren, dass sie zu Zeiten ablaufen können, in denen Strom günstig ist. Noch weiter gehen die Modelle von Demand-Response-Systemen, bei denen Unternehmen sich zusammentun und eine Ansammlung von Flexibilität am Markt anbieten, zum Beispiel als negative Regelenergie. Zu beobachten ist ein wachsender Trend zur Eigenstromerzeugung mittels Photovoltaik, Kraft-Wärme-Kopplung, Biogas, Windkraft. (4)

Unterstützung von Kommunen für mehr energieeffiziente Mobilität und Straßenbeleuchtung

Auch die Kommunen können und sollen mehr tun, um beim Energiesparen und Klimaschützen noch besser zu werden. Mehr Energieeffizienz wird angestrebt in den Bereichen Gebäude, Stromnutzung, Verkehr und Energiesysteme. Unterstützung dazu bietet die Deutsche Energie-Agentur (dena) mit einem neuen Leitfaden und einem Online-Tool. Im Verkehrsbereich beispielsweise liegen die

Ansatzpunkte bei der Förderung von Fahrgemeinschaften, der Parkraumbewirtschaftung oder der Fuhrparkoptimierung. Bei der Stromnutzung könnte in vielen Städten und Gemeinden die veraltete Straßenbeleuchtung modernisiert werden. (6), (7)

Private Haushalte zu Verhaltensänderungen bereit

Mehr als die Hälfte der Gesamtemissionen von elf Tonnen CO_2 pro Person und Jahr werden direkt oder indirekt durch private Haushalte verursacht. Daher sind auch sie gefordert, ihren Beitrag zu mehr Klimaschutz und Energieeffizienz zu leisten. Dabei gilt es, das persönliche Verhalten im Alltag zu reflektieren und zu optimieren (Licht aus, Geräte vom Strom nehmen anstatt Stand-by-Modus, energieeffiziente Haushaltsgeräte kaufen, Ökostrom nutzen, Fahrrad, Bus und Bahn statt Auto, saisonale und regionale Lebensmittel kaufen). Eine Befragung von je 1 000 Personen in München und Frankfurt am Main ergab, dass 21 Prozent bereits beim Wohnen, Einkaufen und in ihrer Mobilität auf Klimaschutz achten. Nur sieben Prozent der Befragten zeigten keinerlei Interesse an Klimaschutz. Mehr als die Hälfte aller Befragten war grundsätzlich zu Verhaltensveränderungen bereit. Eine repräsentative

Umfrage der dena kam zu ähnlichen Ergebnissen. (8), (9)

Trends

Mehr Druck aus und in Brüssel: Die EU-Kommission in Brüssel macht und hat mehr Druck. Ein Dorn im Auge sind ihr die deutschen Industrierabatte für energieintensive Unternehmen, die sie als Verstoß gegen das Wettbewerbsrecht betrachtet und ahnden möchte. Etliche EU-Länder ihrerseits wollen in Brüssel ehrgeizigere Ziele zur Reduktion des CO_2-Ausstoßes für Europas Industrien durchsetzen. Frankreich, Großbritannien, Belgien, Dänemark, Irland, Italien, Portugal, Österreich und Deutschland fordern, dass die EU bis zum Jahr 2030 ihren CO_2-Ausstoß um mindestens 40 Prozent gegenüber den Ausgangswerten von 1990 absenke. Das werde Europas Abhängigkeit von Energieimporten verringern und Investitionen in erneuerbare Energien anzukurbeln. Die EU will am 22. Januar entscheiden, ob ein mögliches Pflichtziel für den Ausbau von Wind- und Solarenergie angestrebt werden soll. (10), (11)

Fallbeispiele

Grünspar-Gründer findig: Ein Unternehmer will für seine Kunden mit einem Internetshop das Energiesparen attraktiv machen. Im Grünspar-Shop gibt es rund um das Energiesparen Informationen und Beratung (Einsparpotenziale bei Strom, Wärme und Wasser, Informationen die Höhe und Zusammensetzung von Heizkosten oder die Technik von Energiesparlampen) sowie Produkte (Energiespar- und LED-Lampen, Geräte, um Wasser zu sparen, Steckdosenleisten, Bewegungsmelder, Energiemessgeräte, bessere Dichtungen für Fenster, elektronische Heizkörperventile, umweltfreundliches Büromaterial, Elektrofahrräder, besonders effiziente Waschmaschinen).Interessant ist das darüber hinausgehende Geschäftsmodell, nämlich die Zusammenarbeit mit den Energieversorgern. Ihnen bietet sich Grünspar als Full-Service-Partner und folgt dem Gedanken, dass die Stadtwerke ihren Kunden einen Mehrwert schaffen, wenn sie ihnen beim Energiesparen helfen; das lässt zwar gegebenenfalls die Rechnungssummen schmelzen, fördert aber die Kundenbindung!Als nächstes Thema hat der Gründer den noch schwierigen und undurchsichtigen Markt für Smart Home im Visier. (12)

Caritas hilft sparen: Die Caritas in Frankfurt am Main bietet einkommensschwachen Haushalten einen Energiesparservice. Die Beratung erfolgt direkt zu Hause und verbindet praktische Tipps zum Klimaschutz mit konkreten wirtschaftlichen Vorteilen für die Mitglieder eines Haushalts, wie beispielsweise einer Senkung der Energiekosten. (8)

Energy Efficiency Award vergeben: 15 Energieeffizienzprojekte hatten es in die Endauswahl des letztjährigen Energy Efficiency Award der Deutschen Energie-Agentur GmbH (dena) geschafft, die besten drei wurden im November 2013 ausgezeichnet. Die Projekte reichten von der Abwärmenutzung zur Wärmerückgewinnung bis zur Optimierung der unternehmenseigenen Stromerzeugung durch Prozesswärme. Insgesamt hatten bei dem Wettbewerb 87 Unternehmen aus elf Staaten ihre innovativen Maßnahmen zur Steigerung der Energieeffizienz eingereicht. (13)

Hessens Versprechungen: In ihrem Koalitionsvertrag versprechen hessische CDU und Grüne eine Verdoppelung des Anteils der erneuerbaren Energien im Strombereich. Es wird eine Monitoringstelle eingerichtet, die auch Handlungsempfehlungen für die Energieeffizienz erarbeiten soll. Ziel ist es beispielsweise, im Gebäudebestand eine jährliche Sanierungsquote von 2,5 bis 3 Prozent im Jahr zu erreichen, gemeinsam mit Handwerkern und Stadtwerken für "intelligente Austauschprogramme für Heizungsumwälzpumpen" in Ein- und Zweifamilienhäusern zu werben, eine

CO2-freie Landesverwaltung zu gestalten, den Hochschulen finanzielle Anreize zu setzen, eine bessere Energieberatung für Kommunen, Bürger und Wirtschaft sowie die Gründung von lokalen Energieagenturen durchzuführen. (14)

Costa Rica vorbildlich: Eine Untersuchung des Weltwirtschaftsforums zu Energieversorgung in Europa kam zu einem tröstlichen Ergebnis: Die Energieversorgung in Europa wurde vom Weltwirtschaftsforum als führend in der Welt bewertet. Als bemerkenswert unter den Nicht-OECD-Ländern wurde Costa Rica herausgehoben. Das mittelamerikanische Land strebe eine Energiewende an, bei der der Strombedarf zu 99 Prozent aus erneuerbaren Energien gedeckt wird. Damit sicherte sich das Land einen Platz unter den ersten zehn in der Rangfolge. (15)

Zahlen & Fakten

Zahlen und Ergebnisse der ersten Erhebung der Energieeffizienz der deutschen Industrie in Kürze:

- Über alle Wirtschaftszweige hinweg hat das Thema Energieeffizienz eine hohe Bedeutung.
- Nur 15% der befragten Unternehmen geben an,

dass das Thema Energieeffizienz derzeit eine geringe Bedeutung hat und 42% der Befragten schätzen das Thema als hoch wichtig ein.
- 54% der Unternehmen rechnen zukünftig mit einer steigenden Bedeutung des Themas.
- ABER stellenweise geringe Investitionen zur Steigerung der Energieeffizienz.
- Tendenziell sind Investitionen im Bereich Energieeffizienz zukünftig eher sinkend.
- 63% der Unternehmen investieren höchstens 5% ihrer Gesamtinvestitionen in Energieeffizienz.
- Trotz der geringen Investitionen in die Effizienz wird über alle Wirtschaftszweige hinweg mit sinkenden Energieverbräuchen gerechnet.
- Über alle Wirtschaftszweige hinweg wird für energieeffiziente Maschinen eine Amortisationszeit von durchschnittlich 30 Monaten gefordert. Das sind zu hohe Anforderungen.
- Durch die Erweiterung der Maschinenamortisationszeiten könnten in Zukunft die Investitionen und Erträge für und durch Energieeffizienzmaßnahmen gesteigert werden.
- 86% der Unternehmen kennen ihre Ansätze zur Steigerung der Energieeffizienz, jedoch haben über 90% der Unternehmen kein festes Budget für die Umsetzung von Effizienzmaßnahmen.
- 80% der Unternehmen planen ihren

Energieverbrauch zukünftig um höchstens 5% zu reduzieren und nur 4% wollen diesen um mehr als 10% senken. (1)

Weiterführende Literatur

(1) Erster Energieeffizienz-Index für die deutsche Industrie erschienen vom 06.01.2014
aus - CHEManager vom 10.10.2013, Heft 19/2013, Seite 1

(2) CO_2-Ausstoß auf Rekordniveau
aus neue energie, Heft 12/2013, S. 33

(3) Markt für Energieeffizienz wächst um 16 Prozent auf 146 Milliarden Euro. Erster Branchenmonitor untersucht Marktstrukturen, Zahlen und Trends in der deutschen Energieeffizienzbranche. vom 14.05.2013
aus neue energie, Heft 12/2013, S. 33

(4) Hüwels: „In der Wirtschaft gibt es eine Zahlungsbereitschaft für Grünstrom"
aus www.powernews.org Meldung vom 02.01.2014 - 09:43

(5) Keine Mehrheit für Energieeinspar-

Verpflichtungssystem
aus www.powernews.org Meldung vom 20.12.2013 - 14:23

(6) Unterstützung für Kommunen beim Energiesparen im Verkehrsbereich
aus WIRTSCHAFTS-INFORMATIONS-DIENST ENERGIE vom 03.Januar 2014

(7) Roadshow informiert Kommunen über energieeffiziente Straßenbeleuchtung
aus WIRTSCHAFTS-INFORMATIONS-DIENST ENERGIE vom 02.Januar 2014

(8) CO_2-arme Lebensstile - wie Klimaschutz in den Alltag passt
aus WIRTSCHAFTS-INFORMATIONS-DIENST ENERGIE vom 18.Dezember 2013

(9) Über die Hälfte der Bundesbürger spart Strom
aus WIRTSCHAFTS-INFORMATIONS-DIENST ENERGIE vom 16.Dezember 2013

(10) Gabriel will Industrierabatte schützen
aus www.powernews.org Meldung vom 07.01.2014 - 15:37

(11) Brüssel gängelt Erneuerbaren-Förderung
aus www.powernews.org Meldung vom 19.12.2013 - 11:06

(12) Sparen trotz Kaufen
aus www.powernews.org Meldung vom 23.12.2013 -

14:10

(13) Energy Efficiency Award 2013. Jury nominiert die 15 besten Energieeffizienzprojekte vom 10.09.2013
aus www.powernews.org Meldung vom 23.12.2013 - 14:10

(14) Schwarz-Grün will Kommunen stärken
aus www.powernews.org Meldung vom 19.12.2013 - 15:07

(15) Sicher, erschwinglich und nachhaltig - Energieversorgung weltweit
aus energate vom 12.12.2013

Impressum

Energieeffizienz - Ambitionen könnten höher sein

Bibliografische Information der deutschen Nationalbibliothek

Die Deutsche Nationalbibliothek verzeichnet diese Publikation in der deutschen Nationalbibliografie; detaillierte bibliografische Daten sind im Internet über http://dnb.d-nb.de abrufbar.

ISBN: 978-3-7379-5714-4

© 2015 GBI-Genios Deutsche Wirtschaftsdatenbank GmbH, Freischützstraße 96, 81927 München, www.genios.de

Alle Rechte vorbehalten. Dieses Werk ist einschließlich aller seiner Teile – z.B. Texte, Tabellen und Grafiken - urheberrechtlich geschützt. Jede Verwertung außerhalb der Grenzen des Urheberrechtsgesetzes bedarf der vorherigen Zustimmung des Verlags. Dies gilt insbesondere auch für auszugsweise Nachdrucke, fotomechanische Vervielfältigungen (Fotokopie/Mikroskopie), Übersetzungen, Auswertungen durch Datenbanken oder ähnliche Einrichtungen und die Einspeicherung und Verarbeitung in elektronischen Systemen.